COLLECTION DE M. BROCARD
DE MOSCOU

TABLEAUX ANCIENS

DES

DIFFÉRENTES ÉCOLES

Vente Hôtel Drouot, Salle n° 2

LE SAMEDI 17 MAI 1890

à 2 heures 1/4

COMMISSAIRE-PRISEUR

Mᵉ DESAUBLIAUX
rue Saint-Guillaume, 21.

EXPERTS :

M. A. BLOCHE
rue de Châteaudun, 25.

M. BAER JEUNE
rue de Provence, 52

EXPOSITION PUBLIQUE

LE VENDREDI 16 MAI 1890

de 1 heure 1/2 à 5 heures 1/2.

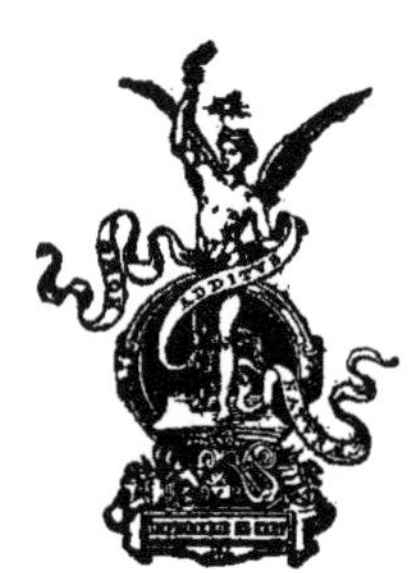

CATALOGUE

DES

TABLEAUX ANCIENS

DES ÉCOLES FRANÇAISE, FLAMANDE, HOLLANDAISE

ITALIENNE ET ANGLAISE

DES XVe, XVIe, XVIIe ET XVIIIe SIÈCLES

Composant la première partie

DE LA COLLECTION DE M. BROCARD

DE MOSCOU

ET DONT LA VENTE AURA LIEU

HOTEL DROUOT, SALLE N° 2

Le Samedi 17 Mai 1890

A 2 HEURES 1/4

Par le Ministère de Me **DESAUBLIAUX**, commissaire-priseur

21, rue Saint-Guillaume, 21

Assisté de

M. A. BLOCHE
EXPERT
25, rue de Châteaudun, 25

M. J. BAER jeune
EXPERT
52, rue de Provence, 52

Chez lesquels se trouve le présent Catalogue

EXPOSITION PUBLIQUE

Le Vendredi 16 Mai 1890, de une heure et demie à cinq heures et demie

CONDITIONS DE LA VENTE

La vente sera faite *expressément* au comptant.

Les acquéreurs payeront, en sus des adjudications, *cinq pour cent* applicables aux frais de la vente.

Paris. — Imp. de l'Art, E. Ménard et Cie, 41, rue de la Victoire.

DÉSIGNATION

BERGHEM

1 — *Paysanne sur sa mule.*

Arrêtée au milieu d'un troupeau et causant avec le berger.

BLOMMAERT

(A.)

2 — *Joli paysage boisé.*

Au bord d'un fleuve, avec figures et animaux.

Signé.

BOUT & BOUDEWYNS

3 — *Scènes de débarquement.*

Deux charmantes compositions, de nombreux personnages dans un paysage accidenté.

Deux pendants.

BOURGUIGNON

4 — *Attaque d'une ville forte.*
Sortie des assiégés.

Deux pendants.

BOURGUIGNON

5 — *Combats de cavalerie.*

Au pied d'une montagne avec vue de villes fortes en perspective.

Importantes compositions.

Deux pendants.

BREUGHEL & VAN BALEN

6 — *Le Royaume de Neptune.*

Intéressant par la multitude des détails symboliques qui sont représentés.

CANALETTI

7 — *Vue du Grand Canal, à Venise.*

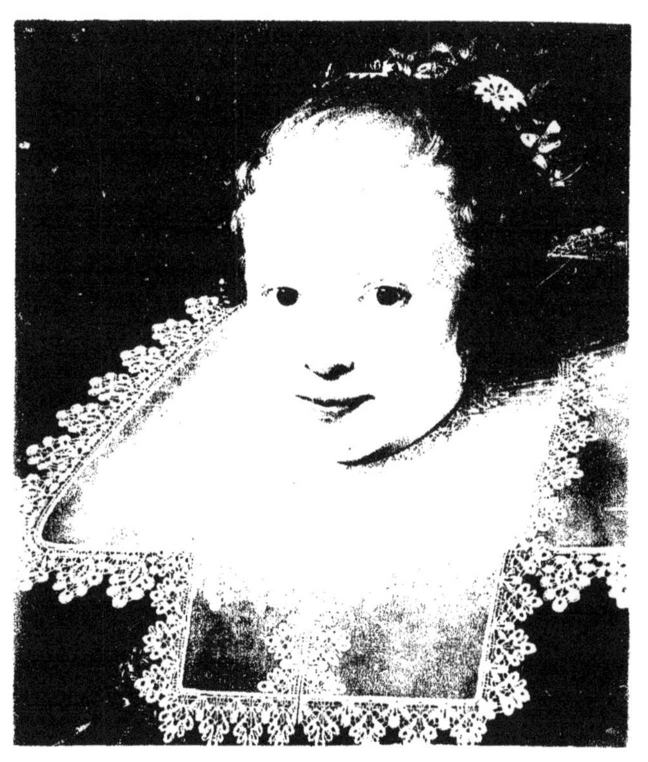

Collection Brocard N° 12 du Catalogue.

CARENA DE MIRANDA

(Attribué à)

8 — *Portrait d'homme.*

Représenté de trois quarts.

COYPEL

(Attribué à ANTOINE)

9 — *Vénus chez Vulcain.*

Agréable composition de onze personnages, dieux, déesses et amours.

CORNELIUS BÉGA

10 — *Intérieur rustique.*

A droite, assis sur un banc, un paysan à la mine rubiconde, tenant sa chope d'une main et sa pipe de l'autre, cause avec une vieille femme qui mange sa soupe. A gauche, un petit garçon penché sur un réchaud en attise le feu. Près d'une table-tréteau : un baquet, une marmite, une cruche renversée et un chat qui dort.

Touche délicate et effet bien rendu de clair-obscur.

VAN OSTADE

(Attribué à ISAAC)

11 — *Hommes et femme attablés, causant et buvant.*

CUYP

(ALBERT)

12 — *Très joli portrait de petite fille.*

En robe noire, manches rouges brodées à fleurs, grande fraise à rabats, garnie de guipure; cheveux blonds avec fleurs; regardant presque de face.

Petit tableau digne d'attention.

DAVID

13 — *Portrait d'un jeune Conventionnel.*

Représenté presque de face.

DE HEEM

(Attribué à DAVID)

14 — *Fruits et argenterie sur une table.*

DEMARNE

15 — *Au bord de la rivière.*

Un gardeur de vaches, en surveillant son troupeau, cause avec une jeune paysanne assise à ses pieds. La campagne accidentée qui s'étend à l'horizon est animée de petits personnages et d'animaux.

DEMARNE

16 — *Le Galant entreprenant.*

Une jeune paysanne, assise au pied d'un arbre, se défend de son mieux contre les attaques amoureuses d'un berger. Une vache, un mouton, au premier plan, et, au fond de la vallée, d'autres animaux.

DIRK-HALS

17 — *Conversation galante.*

Un gentilhomme, le verre en main, courtise une femme en riche costume qui fume la pipe.

Très joli petit tableau.

DUCHATEL

18 — *Portrait de gentilhomme.*

En costume gris et collerette de dentelles.

EISEN

19 — *Nymphes.*

Se reposant dans de riants paysages et lutinées par les amours, surprises par un satyre.

Deux pendants.

FALK

20 — *Un Coin de forêt vierge.*

Avec serpent, papillons, lézard, limaces au pied d'un arbre, entouré de grands feuillages.

FRANCK

21 — *Le Roi Salomon accueillant dans son palais la reine de Saba venant lui apporter de nombreux présents.*

Composition de nombreux personnages.

Jolie qualité.

GILLOT

22 — *Les Comédiens ambulants.*

Réunis dans un souriant paysage d'Italie, au milieu de palais en ruines, ils se livrent au plaisir de la danse, de la causerie galante et du jeu de cartes.

Deux pendants.

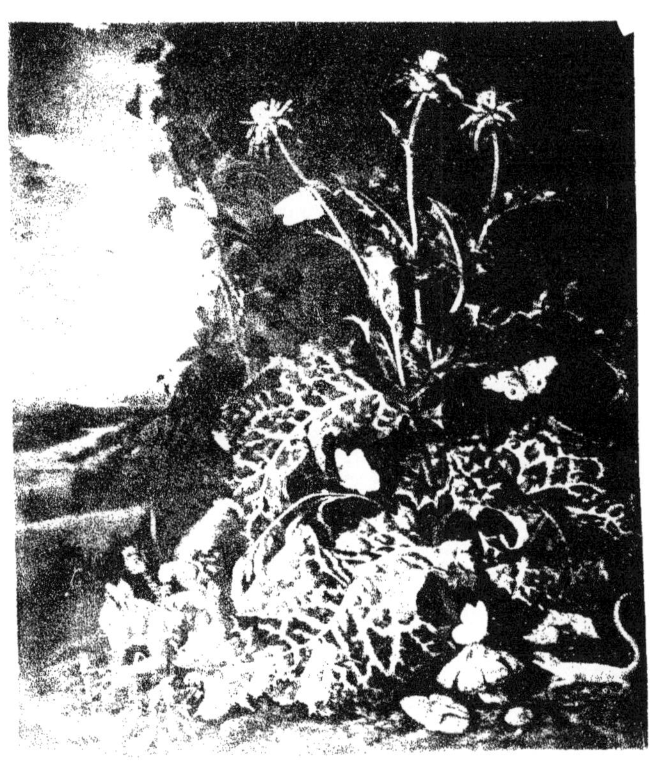

Collection Brocard. N° 37 du Catalogue

HUET

23 — *Les Lavandières.*

Charmant petit tableau d'une touche des plus délicates.

JANSSENS

24 — *Les Divertissements au château.*

Réunion de nombreux personnages dans un parc, se livrant au plaisir de la musique, du jeu de trictrac, de la danse et de la collation.

Deux pendants.

J. B. M.

25 — *Intérieur d'atelier de peintre.*

Intérieur d'atelier de sculpteur.

Deux pendants.

Signés.

KANZ

(Attribué à)

26 — *Portrait de jeune femme.*

En robe bleue décolletée, avec chemisette et fichu de mousseline. Chevelure frisée avec boucles.

KAUFFMANN

(ANGÉLICA)

27 — *Portrait du prince Skavronski.*

LAAR

(PIERRE DE)

28 — *La Marchande de fromages et de légumes.*

Composition de plusieurs personnages avec mules, chèvres et autres animaux, dans un paysage d'Italie.

LA CROIX

29 — *Vue des environs de Gênes.*

Paysages accidentés s'étendant au bord de la mer, animés de petits personnages et avec voiliers et embarcations diverses en perspective.

Teintes blondes et ensoleillées.

Deux pendants.

LAGRENÉE

30 — *La Toilette de Vénus.*

LANCRET

(Attribué à)

31 — *Scène de la Comédie italienne.*

Très gracieuse composition de plusieurs personnages festoyant, dansant et causant galamment.

LE DUCQ

32 — *Portrait de jeune gentilhomme.*

LE DUCQ

33 — *Les Joueurs de trictrac.*

LEMOINE

34 — *L'Olympe.*

Différentes scènes où figurent les dieux et déesses.

MADOU

35 — *Scènes d'intérieur.*

MAENS

36 — *Le Marchand d'élixir.*

Le Diseur de bonne aventure.

De nombreuses figures sur une route de village.
Deux pendants.
Signés.

MARCELLIS
(OTTO)

37 — *Écureuil, papillon, lézards, hannetons et grandes plantes.*

METSYS
(QUENTIN)

38 — *Saint Jérôme.*

Rappelle celui du Musée de Florence.

MICHAU

39 — *L'Embarquement.*

Le Débarquement.

De nombreux paysans et paysannes avec chariots sont arrêtés au bord d'un fleuve sillonné de voiliers et de barques. Jolis paysages à l'horizon.

Deux pendants.

MICHAU

40 — *Paysages au bord d'une rivière.*

Animés de nombreux personnages, conduisant des troupeaux, débarquant des poissons ou stationnant devant des maisons de village.

Jolie manière du peintre.

Deux pendants.

MIREVELT

41 — *Beau portrait de dame noble.*

En robe noire, à chemisette carrée et plissée, avec élégante collerette tuyautée et garnie de dentelles, parée de joyaux et regardant presque de face.

Signé.

MOMMERS

42 — *Le Marché.*

A l'entrée d'un village, au bord d'une rivière.

Signé.

MORLAND

43 — *Les Petits Musiciens ambulants et les jeunes paysannes, retour du marché.*

NETSCHER

(CONSTANTIN)

44 — *Portrait de Boyer, de Marseille.*

Représenté de face, la main gauche appuyée sur un socle orné de sculpture, en riche costume garni de guipures, à perruque blonde. Fond de soleil couchant.

OSTADE

(Attribué à VAN)

45 — *Les Buveurs.*

Une vieille femme, le verre en main, est assise en face d'un paysan qui tient une cruche et rit du propos d'un autre personnage qui est debout.

PALAMÈDES

46 — *La Partie de trictrac.*

PORBUS

47 — *Portrait de gentilhomme.*

En costume à collerette, représenté de trois quarts.

PORBUS

(Attribué à)

48 — *Portrait d'un chambellan de l'époque.*

En riche costume tout brodé d'or, avec col et revers de manches garnis de dentelles, représenté presque de face.

PATEL

(le Vieux)

49 — *Paysages et ruines.*

Au bord d'une rivière, animés de nombreux petits personnages.

Deux pendants.

RAIBOLINI

(dit FRANCIA)

50 — *Le Mariage mystique de sainte Catherine.*

La Vierge, habillée d'une robe rouge, regarde avec une ineffable tendresse son divin fils qui sourit en prenant la main de sainte Catherine. Saint Joseph, debout à l'écart.

Tableau plein de charme.

RAPHAEL

(École de)

51 — *La Sainte Famille.*

Dans la vallée de Josaphat, la Vierge tient l'Enfant Jésus sur ses genoux. Appuyé sur un monument en pierre orné de sculptures, saint Joseph se tient debout. Vue de la Ville sainte en perspective.

ROSALBA

(LA)

52 — *Le Printemps et l'Été.*

Deux portraits de femmes représentées sous forme d'allégories, l'une avec des fleurs, l'autre avec une colombe.

Deux pastels.

ROTTENHAMER

53 — *Vénus et l'Amour surpris par un faune.*

CAREL FALENS

54 — *Le Départ pour la chasse.*

Huit cavaliers et amazones, piqueurs, paysans, paysannes, meutes de chiens dans un paysage accidenté.

ROSE DE TIVOLI

55 — *L'Abreuvoir.*

Composition de nombreux animaux sous la surveillance des bergers.

RUYSCH

56 — *Vase de fleurs.*

SANTERRE

(Attribué à)

57 — *Joli portrait de jeune femme, retour de la pêche.*

Coiffée d'un coquet chapeau de paille.

SIMONNELLI

58 — *Scène de bataille.*

Choc de cavalerie.

Avec beaux cadres en bois sculpté et doré.
Deux pendants.

TENIERS

(Attribué à)

59 — *La Kermesse.*

Composition d'une multitude de personnages dansant, riant, buvant, causant galamment, et distraits par l'arrivée de seigneurs et de grandes dames venant assister aux réjouissances champêtres.

TENIERS

(Attribué à)

60 — *Les Joueurs de boules.*

Douze personnages, assis devant une auberge, boivent, jouent et causent.

VAN DYCK

(Attribué à)

[illegible] — *Portraits de deux gentilshommes de l'époque.*

Deux tableaux.

VAN DYCK

(PHILIPPE)

62 — *Portrait d'un jeune prince déchiffrant un morceau de musique.*

Signé.

VAN ARTOIS

63 — *La Sortie du castel.*

Un gentilhomme et une grande dame à cheval, suivis d'un piqueur et d'une meute, s'engagent sur une route qui s'étend à gauche. A droite, une rivière sillonnée de bateaux. Rives accidentées à l'horizon.

VAN DE VELDE

64 — *L'Escaut.*

De nombreux voiliers et bateaux à l'aviron sillonnent le fleuve.

VAN DER HELST

65 — *Les Petits Tricheurs.*

Deux jeunes garçons jouent aux cartes; un troisième debout, regardant le jeu de l'un d'eux, fait des signes au partenaire adverse qui l'observe.

Physionomies étudiées.

VAN DER MAINE

66 — *Le Violoneux à sa fenêtre.*

VAN DER MEULEN

67 — *Scène de bataille.*

Prisonniers de guerre conduits sous bonne escorte.

Touche fine et tonalité agréable.

Deux pendants.

VAN NIKKELEN

68 — *Vue d'un palais en ruines.*

Sur la place principale, coté de la mer, à gauche, et colonnades s'étendant à l'infini à droite, de tous côtés, des personnages.

Tableau agréable par son architecture des plus artistiques.

VAN UDEN

69 — *Paysages accidentés.*

Arrosés par une rivière, animés de chariots, de troupeaux de vaches et de moutons, conduits par des paysans; des enfants et des paysannes sont arrêtés sur les routes ou se rendent au marché.

Deux pendants.

VERBURGH

70 — *Deux très beaux paysages boisés et accidentés.*

Arrosés par des rivières, avec bateaux, et animés de personnages et d'animaux.

VINCKEBOONS

(DAVID)

71 — *La Grande Kermesse.*

Sur la place principale d'une ville des Flandres, sont installés des baraques, des étalages en plein vent, des marchands forains. Dans toutes les rues environnantes en perspective devant les maisons, sont dressées des tables autour desquelles boivent et mangent paysans et paysannes de la ville et des environs. Au milieu de la place règne une animation étonnante, des cavaliers aux riches costumes passent avec peine au milieu de la foule, des chiens aboient après leurs chevaux, des grandes dames et des gentilshommes vêtus de leurs plus beaux atours, suivis de leurs pages, se mêlent à la foule, regardant en riant les batteurs d'estrade, paysans et paysannes dansant autour de l'arbre de mai, les hommes et les femmes, assis par groupes, achetant, buvant, mangeant, se livrant à tous les plaisirs auxquels les convie la fête champêtre.

Tableau des plus intéressants dans l'œuvre du peintre par l'animation qui y est répandue, l'importance de la composition, les costumes et le groupement des personnages.

ZORG

(dit ROKES)

72 — *Marchand de légumes.*

Joli tableau.

ÉCOLE FRANÇAISE

(XVIIIe siècle)

73 — *Portraits de grandes dames de la cour de Louis XIV.*

Représentées sous les figures allégoriques de Bellone et de Minerve, dans des salles de palais richement décorés avec armures, vases précieux et autres objets dispersés sur les meubles et dans les colonnades.

Deux pendants.

ÉCOLE FRANÇAISE

74 — *Portrait d'Antoine Watteau.*

ÉCOLE DU XVIIIe SIÈCLE

75 — *Portrait de la reine Marie Leczinska en costume de cour.*

ÉCOLE ANGLAISE

76 — *La Grande Ferme.*

ÉCOLE ANGLAISE

77 — *Georges IV à cheval, suivi de ses piqueurs et de ses chiens, à la chasse.*

ÉCOLE ESPAGNOLE

(XVIIIe siècle)

78 — *Portrait d'une princesse.*

En robe noire avec draperies et dentelles blanches, parée de joyaux et tenant une houlette à la main.

ÉCOLE FLAMANDE

(XVIIIe siècle)

79 — *Seigneur courtisant une jeune marchande de crevettes.*

Coloris agréable.

ÉCOLE ITALIENNE

(XVe siècle)

80 — *La Vierge et l'Enfant Jésus.*

La madone, enveloppée dans un manteau rouge attaché par un collier avec plaque enrichie de pierreries, a le front ceint d'une couronne de corail, et l'enfant, qu'elle tient dans ses bras et regarde avec une sainte tendresse, s'amuse d'un collier de coraux. Les personnages, le costume, les joyaux et les auréoles se détachent merveilleusement sur le fond d'or à dessin enlevé par le procédé des décorations à fresque.

Petit tableau intéressant.

Bois.

www.ingramcontent.com/pod-product-compliance
Ingram Content Group UK Ltd.
Pitfield, Milton Keynes, MK11 3LW, UK
UKHW020525180726
13839UKWH00005B/2307